Puisse l'année "97"
t'apporter beaucoup de bonheur.
C'est charmant de te compter
parmi mes amies.

Anne-Marie
xx


**13, rue de Genval B-1301 Bierges**
**5, rue du Louvre F-75001 Paris**


**Exley Publications Ltd**
**16, Chalkhill, Watford, Herts , WD1 4BN,**
**United Kingdom**

isbn 2-87388-026-0
D/1994/7003/24

Graphisme : Pinpoint Design
Recherches artistiques : Image Select
Mise en page : 24 heures de pointe

Une réalisation de Helen EXLEY
Traduction et adaptation de Bernadette THOMAS

Crédits Picturaux : Atkinson Art Gallery, Southport: page 30; Bonhams, London: page 46; Bridgeman Art Library: cover and pages 6, 7, 14, 22, 57; City of Bristol Museum: pages 52, 53; Christies Colour Library: page 11; Coram Foundation, London: page 55; John Davies Fine Paintings: page 8; © Ditz "Mother and Child": page 34; Fine Art Photographic: pages 24, 28; Mary Evans Picture Library: pages 19, 37; Musee D'Orsay, Paris: pages 12, 13, 44, 45; National Museum, Stockholm: page 16; Oldham Art Gallery: pages 26, 50; Phillips Auctioneers: pages 48, 49; Scala: pages 49, 43, 59; Turko Art Museum: Page 40; Waterhouse & Dodd, London page 33; Whitford & Hughes, London: page 61; Christopher Wood Art Gallery: pages 20, 21.

# LES MÈRES
## CITATIONS

UNE SÉLECTION
DE BELLES PEINTURES ET DE
BEAUX TEXTES SUR LES MERES

-♦-

UN LIVRE RÉALISÉE PAR
HELEN EXLEY

EXLEY
PARIS, LONDRES

Elle est leur terre… elle est leur nourriture
et leur lit et cette couverture qu'on rajoute
quand la nuit devient froide ;
elle est leur chaleur et leur santé et leur abri.

CATHERINE HATHAWAY

...Je puisais surtout l'âme de ma mère,
je lisais à travers ses yeux, je sentais à travers
ses impressions, j'aimais à travers son amour,
elle me traduisait tout : nature, sentiment,
sensations, pensées. Sans elle, je n'aurais
rien su épeler de la création que j'avais
sous les yeux ; mais elle me mettait
le doigt sur toute chose.
Son âme était si lumineuse, si colorée
et si chaude, qu'elle ne laissait de ténèbres
et de froid sur rien. En me faisant
peu à peu tout comprendre, elle me
faisait en même temps tout aimer.

LAMARTINE (1790-1869)
"Confidences"

- ♦ -

Le premier hymne d'amour fut cet hymne
au lait maternel, chanté par tout le corps
de l'enfant, accueillant, embrassant, écrémant
de tous ses moyens la précieuse nourriture.

ALAIN
" Propos sur le bonheur "

# FIERE COMME UNE PAONNE

Les enfants d'une mère sont comme des rêves.
Aucun n'est aussi merveilleux que les siens.

PROVERBE CHINOIS

- ♦ -

Mon avis est que, quoi qu'en disent les gens, qui que ce soit qui parle ou quelques soient les superlatifs employés, un bébé n'est jamais aux yeux de sa mère suffisamment admiré.

E.V. LUCAS

- ♦ -

Ce sont trois paires d'yeux
que les mères devraient avoir :
une pour voir à travers les portes,
une derrière la tête et ,bien sûr,
une paire devant pour voir quand
son enfant fait une bêtise et refléter
" je comprends et je t'aime"
sans même dire un mot.

ERMA BOMBECK, née en 1927.

- ♦ -

Je n'oublierai jamais ma mère,
car c'est elle qui a planté et fait grandir en moi
les premières semences du Bien.
Elle m'a ouvert le coeur au spectacle de la nature.
Elle a éveillé mon intelligence des choses et élargit
mon horizon; ses conseils eurent une influence
durable tout au long de ma vie.

EMMANUEL KANT (1724-1804)

- ◆ -

Une mère ne voit jamais le vilain petit canard dans sa nichée de poussins.

Doym

- ♦ -

Ils se retournaient toujours avant de dépasser l'angle de la rue, car leur mère était à la fenêtre, hochant la tête, souriant et agitant la main vers eux. C'était comme si, sans cela, ils n'auraient pas eu une bonne journée. Ce dernier regard vers le visage maternel les touchait au fond du coeur, comme un rayon de soleil.

Louisa May Alcott (1832-1888)

- ♦ -

Si de toutes les affections douces, de toutes les actions honnêtes et généreuses dont nous sommes fiers, l'on pouvait découvrir le premier et véritable germe, nous le trouverions presque toujours dans le coeur de notre mère.

Edmondo De Amicis (1864-1908)

- ♦ -

## LES PENSEES D'UNE JEUNE MERE

Elle vient de naître.
Je ne suis plus enceinte, je suis mère !
Et moi qui ne croyais pas aux miracles !

ELLEN GREENE

- ♦ -

Je suis ravie d'être devenue mère :
je suis maintenant plus sensible à ce
qui se passe, je sens les choses à un niveau
plus profond, j'ai l'impression d'avoir
plus de tout, plus d'amour, plus d'énergie,
plus de raisons de m'émerveiller.

SHELLEY LONG

- ♦ -

Petit bonhomme
Qui m'étrangle de tes bras amoureux
Qui ne te lasse pas d'escalader mes genoux
Quand j'aurai oublié tes mille facéties
C'est que la vie et tout le reste aura pris fin.

D'APRES MARY LAMB (1764-1847)

- ♦ -

## PROTECTION

Tout le monde sait que les bonnes mères donnent à leurs enfants un sentiment de confiance et de stabilité. D'une certaine façon, pour leurs petites mains d'enfant, les vêtements de leur mère ont un toucher différent de tout autre vêtement. Lorsqu'un enfant n'est pas en forme, il lui suffit de toucher la jupe ou la manche maternelle pour déjà se sentir mieux.

KATHERINE BUTLER HATHAWAY

- ♦ -

Quand la perdrix
Voit ses petits
En danger et n'ayant qu'une plume nouvelle
Qui ne peut fuir encor par les airs le trépas,
Elle fait la blessée et va traînant de l'aile,
Attirant le chasseur et le chien sur ses pas,
Détourne le danger, sauve ainsi sa famille.

LA FONTAINE (1621-1695)

- ♦ -

Une maman, c'est la personne qui fait que,
si elle n'est pas là quand je rentre de l'école,
je me sens tout à fait incapable
de préparer mon goûter et même
je n'ai pas du tout envie de manger.

GUILLAUME, 9 ANS

Il est une observation que chacun peut faire dans la vie ; c'est le respect et l'adoration qu'ont, pour leurs parents, les hommes de grande valeur. Souvent la vie les a élevés bien au-dessus de la condition de leur enfance. (....) Rien n'est émouvant comme de voir un homme fort, remarquable, apprécié pour son talent, redouté par sa puissance, s'incliner devant une petite vieille, l'embrasser et lui dire “maman”.

CHARLES WAGNER

- ♦ -

Chaque mère pourrait remplir facilement la tâche de plusieurs contrôleurs du trafic aérien.

LISA ALTHER

- ♦ -

On calcule le poids du soleil et la distance des astres, mais aucun calculateur, si habile soit-il, ne fera jamais l'addition de ce que doivent les enfants, de ce que doit l'humanité, aux mains de toutes les mères habiles à ménager et à employer le temps.

CHARLES WAGNER

- ♦ -

Nous portons le monde sur nos épaules
et nous le façonnons... Il n'est pas exagéré
de croire que tous les grands hommes
ont eu une mère exceptionnelle.

OLIVIER SCHREINER (1855-1920)

- ♦ -

Chacune de ses respirations, chacun de ses
efforts, toutes ses prières furent pour son fils.
La plus grande chance que Frank Sinatra
ait eu dans la vie et tout au long de sa carrière,
fut d'avoir Dolly comme mère.

RÉVÉREND ROBERT PERELLA

- ♦ -

Ma mère était la plus belle des femmes...
Tout ce que je suis, je le lui dois. J'attribue
tous mes succès dans l'existence à l'éducation
tant morale qu'intellectuelle et physique
que j'ai reçue d'elle.

GEORGE WASHINGTON (1732-1799)

- ♦ -

Une mère comprend le langage de son fils muet.

PROVERBE DE GÉORGIE

Lorsque je l'attendais, je craignais de ne
pouvoir l'aimer autant que mon premier
enfant, mais, au moment même
où il fut dans mes bras pour la première fois,
une telle bouffée d'amour me submergea
que tous mes doutes furent balayés
en un instant. Pour mon troisième enfant,
mes bonnes résolutions de l'aimer
autant que les deux autres furent inutiles,
car il conquit mon amour avec une telle
rapidité et une telle violence
que mon coeur semblait prêt d'éclater.

B. MOLS

- ♦ -

A ma mère, je dis la vérité.
Je n'ai pas de pensée, de sentiment,
que je ne partage avec elle.
Pour moi, elle est comme une deuxième
conscience, ses yeux sont comme un miroir
qui reflète ma propre image.

WILLIAM GHERARDI

- ♦ -

... **U**n ange qui est là, qui vous regarde,
qui vous apprend à parler, qui vous apprend
à lire, qui vous apprend à aimer !
qui réchauffe vos doigts dans ses mains,
votre corps dans ses genoux, votre âme dans son
coeur ; qui vous donne son lait quand vous êtes
petit, son pain quand vous êtes grand, sa vie
toujours ! à qui vous dites : "Ma mère ! " et qui
vous dit : "Mon enfant ! " d'une manière si douce
que ces deux mots-là réjouissent Dieu !

VICTOR HUGO (1802-1885)

- ♦ -

Tu me fus un trésor de bonté, d'indulgence,
De tendresse infinie où j'aimais à puiser
Avec cet abandon d'enfant qui peut oser,
Sans crainte de refus, obtenir l'impossible.
Oh ! le coeur d'une mère est toujours accessible.

HENRIETTE COLOMBET

- ♦ -

Un homme aime le plus l'amie de son coeur, le
mieux sa femme, mais sa mère le plus longtemps.

PROVERBE IRLANDAIS

Quelque chose en nous dit que nous serons toujours plus proches de notre mère que de n'importe qui d'autre. Elles nous ont donné la liberté mais nous sentons bien qu'il y a entre nous un lien caché qui ne pourrait être coupé ou arraché.

PAM BROWN, NÉE EN 1928

- ♦ -

Il y a des mamans qui embrassent, d'autres qui grondent, mais leur amour est le même et, d'ailleurs, la plupart des mamans embrassent et grondent tout à la fois.

PEARL BUCK (1892-1973)

- ♦ -

... cette chère pieuvre aux tentacules de laquelle nous n'échappons jamais tout à fait, ce que d'ailleurs, dans le plus profond de notre coeur, nous ne désirons pas vraiment.

DODIE SMITH (1896-1990)

- ♦ -

Un homme qui aime sa mère, aimera sa femme.

GEORGES NATHAN

## LES VRAIS RICHES

Assis sur les genoux d'une mère pauvre,
tout enfant est riche.

PROVERBE DANOIS

- ♦ -

Un fils ne voit pas sa mère avec les yeux
de tout le monde, il est même souvent le seul
à voir sa beauté.

FRIEDRICH DÜRRENMATT

- ♦ -

Puis, redoublez de gentillesse
Lorsque leurs cheveux seront blancs,
Pour mieux égayer leur vieillesse
Redevenez petits enfants,
Entourez-les de vos tendresses,
Soyez câlins, soyez aimants,
ne ménagez pas vos caresses...
Ca fait tant plaisir aux mamans !

THÉODORE BOTREL

- ♦ -

Tout ce qui nous est vraiment indispensable pour la conduite de notre vie nous a été enseigné par les femmes : les petites règles de courtoisie, les gestes qui nous font gagner l'estime des autres, les mots qui nous assurent la bienvenue partout, toutes ces attitudes diplomatiques qui nous permettent d'être à l'aise en toutes circonstances.

REMY DE GOURMONT (1858-1915)

- ♦ -

Mon éducation était toute dans les yeux plus ou moins sereins et dans le sourire plus ou moins ouvert de ma mère. Les rêves de mon coeur étaient dans le sien(...) Ma pensée, toujours en communication avec celle de ma mère, se développait, pour ainsi dire, dans la sienne. Je puis dire que ma mère m'a porté douze ans dans son sein, et j'ai vécu de sa vie morale comme j'avais vécu de sa vie physique dans ses flancs.

ALPHONSE DE LAMARTINE (1790-1869)

- ♦ -

L'homme est puissant, il domine le ciel
et la terre, dit-on, mais il est une force
plus grande encore car la main
qui réellement gouverne le monde
est celle qui berce l'enfant.

D'APRES WILLIAM WALLACE (1270-1305)

Les premiers jours après la naissance d'un bébé, on peut voir se former comme dans un cocon, le cercle magique et clos de deux personnes qui semblent n'exister que l'une pour l'autre.

ANNE MORROW LINDBERGH
née en 1908

- ♦ -

Le simple mot "maternité" a une signification et une profondeur émotionnelle que peu de mots possèdent. Il évoque l'idée de nourriture, de sécurité, de bras protecteurs. Il vaut non seulement pour l'espèce humaine mais aussi pour le règne animal, le tigre qui protège farouchement ses petits, la poule qui glousse au-dessus de sa couvée et déploye ses ailes pour la protéger de l'orage. Ce mot nous dit quelque chose du tout début de la vie dans l'oeuf ou dans le sein maternel et des premières étapes si délicates qui suivent la naissance.

MARJORIE HOLMES

- ♦ -

Je jette mes bras autour de son cou, je me serre contre sa poitrine en murmurant : “ô maman, chère petite maman, comme je t’aime “. Elle sourit de son sourire triste et charmant, prends ma tête à deux mains, m’embrasse sur le front et me met sur ses genoux.

LÉON TOLSTOI “ Souvenirs d’enfance “

- ♦ -

Des enfants, pourquoi avoir des enfants ! Ils grandissent et nous quittent un jour, laissant la maison vide de leurs rires, de leur vie... Pourquoi avoir des enfants ! Leur adolescence se termine et ils s’éloignent ! En réalité, jamais ils ne quittent le coeur maternel. Je le vérifie tous les jours car je vous évoque souvent, mes petits, et chaque fois c’est comme un lumineux rayon de soleil dans une belle journée hivernale.

CAROLINE MURAT

- ♦ -

L’amour de ma mère pour moi était si grand que j’ai travaillé dur pour le justifier.

MARC CHAGALL (1889-1985) juste avant son 90ème anniversaire

Ma mère a été la clé de ce que je suis devenu. Elle était si vraie et si sûre de moi que je sentais que j'avais quelqu'un pour qui vivre, quelqu'un que je ne pouvais pas décevoir. Evoquer ma mère sera toujours une bénédiction pour moi.

THOMAS A. EDISON (1847-1931)

- ♦ -

## UN AMOUR INCONDITIONNEL

Qui m'aime et pourrait m'aimer toujours
avec une affection que ni la fortune ni la misère,
ni aucun crime de ma part ne pourraient ternir ?
C'est toi, mère chérie.

THOMAS CARLYLE (1795-1881)
d'une lettre à sa mère

- ♦ -

"Lequel ?"
Ce fut la réponse de la mère de Dwight
Eisenhower à quelqu'un qui lui demandait
si elle était fière de son fils.

- ♦ -

Aux yeux d'une mère, un scarabée est une gazelle.

PROVERBE MAROCAIN

- ♦ -

Une chemise de toile cousue par sa mère est
chaude, une chemise de laine cousue
par une étrangère est froide.

PROVERBE FINNOIS

- ♦ -

Le chef d'oeuvre de Dieu, c'est le coeur d'une mère.

GRÉTRY (1741-1813)

# IL N'Y A PAS DE MAMAN PAUVRE

J'ai plus d'enfants que ce dont
je peux m'occuper, mais pas plus
que ce que je peux aimer.

OSSIE GUFFY

- ♦ -

Les enfants ne savent pas combien leurs
parents les aiment et ne le sauront jamais
tant que le tombeau ne se refermera pas
sur eux ou tant qu'ils n'auront pas
eux-mêmes leurs propres enfants.

EDMUND VANCE COOKE

- ♦ -

Le vrai secret de la maternité ?
L'amour, chose que l'argent ne peut acheter.

ANNA CROSBY

- ♦ -

Une mère doit toujours réfléchir deux fois,
une fois pour elle-même,
une fois pour son enfant.

SOPHIA LOREN, née en 1934

- ♦ -

## LES FEMMES SAVENT

En fin de compte, pour élever des enfants
il suffit d'une simple tour de main, joyeux
et tendre, pour serrer les écharpes,
lacer les souliers de bébé, enfiler des mots
fleuris sans queue ni tête ou, par de petits
baisers, remplir de sens des mots
qui étaient vides.

ELISABETH BARRETT BROWNING (1806-1861)

- ♦ -

Qui me relève quand je tombe dans le noir ?
Qui me raconte de bien jolies histoires ?
Qui m'embrasse à ces endroits qu'il faut savoir ?
C'est toi, Maman !

ANN TAYLOR

- ♦ -

"… que font les filles qui n'ont pas de mère
pour les aider quand elles ont
leurs problèmes ?"

LOUISA MAY ALCOTT (1823-1888)

- ♦ -

L'amour d'une mère est le carburant qui rend l'être humain capable de l'impossible.

MARION GARRETTY, née en 1917

Quiconque croit que l'amour d'une mère est quelque chose de doux comme un beau chat aux yeux d'or qui ronronne, devrait voir une chatte qui défend ses petits.

PAM BROWN, née en 1928

Le sentiment qui honore le plus
le genre humain,
qui élève les cerveaux les plus
frustes, qui rend les plus misérables
capables de bonté, de dévouement,
de sacrifices, qui donne aux plus
déshérités les joies les plus pures,
c'est l'amour maternel.

HONORÉ DE BALZAC (1799-1850)

- ♦ -

Etre mère est l'expérience la plus émouvante de la vie de quelqu'un; on rejoint une sorte de mafia de femmes.

JEANNETTE SUSZMANN

- ◆ -

Aussi solides, beaux, heureux et brillants que soient ses enfants, quelque part au tréfonds d'elle-même se trouve une pensée pour tous ces autres enfants soufflés comme fétus de paille par la maladie, les mauvais traitements, les maléfices, la faim et la guerre. Avoir un enfant la rend un peu mère de tous les enfants du monde et lui donne à compatir comme si c'étaient les siens.

PAM BROWN

- ◆ -

Maintenant que j'ai ces enfants, cela me rend folle de penser à ce que sera le monde au siècle prochain.

MERYL STREEP,
actrice, née en 1949

- ◆ -

Si je pouvais porter ton fardeau, je le ferais. Si l'argent pouvait acheter des solutions ou si je pouvais t'éviter les coups, je serais près de toi. Cela me fait mal de ne pas t'aider, de savoir que trop de sollicitude ne peut que nuire à ta croissance. Je serai toujours là pour toi. J'espère que tu le sais, mais tu es libre, tu dois t'épanouir en t'émancipant de moi.

HELEN EXLEY, née en 1943

Le baiser d'une mère,
je me le rappelle avec
le sentiment d'une tendre
et délicieuse
mélancolie, le baiser
d'une mère est la plus douce
des récompenses.

Baron de Stassart

- ♦ -

Plus je vieillis, plus je pense à ma mère.

INGMAR BERGMAN, cinéaste (1915-1982)

- ♦ -

Cela m'est égal de vieillir, si chaque fois
que je vois quelque chose de nouveau ou
de splendide je continue à avoir envie
de crier : " Maman, viens voir !"

HELEN EXLEY

- ♦ -

L'amour d'une mère pour l'enfant de sa chair
diffère de toutes les autres formes d'affection
et brûle d'une flamme si régulière et si claire
qu'il semble faire partie de ces rares choses
tout à fait immuables sur une terre où tout
bouge ; si bien que, quand notre mère
n'est plus là, son amour reste
une lumière pour guider nos pas
et une suprême consolation.

W.H. HUDSON (1841-1922)

- ♦ -

L'avenir d'un enfant est l'oeuvre de sa mère.

NAPOLÉON

- ♦ -

La mer, le ciel, le soleil
Ma mère, mon ciel, un soleil.

PAUL EVENCE,
né en 1975

Elle a regardé sa maman qui pleurait. Elle a levé ses deux petits bras en l'air d'un air très tendre, en disant : " maman, maman " ; et puis, avançant ses petites lèvres, elle a fait signe qu'elle voulait l'embrasser. C'était la première fois. Maman la prend sur ses genoux, la serre contre son coeur et la couvre de baisers et de larmes. Elle avait tant besoin de caresses ! A ses pieds, Trott est assis, tendre, blotti contre elle… Et, meurtrie, brisée et désolée, maman sent tout de même la grande consolation qui vient des petits enfants ! Maman songe qu'elle ne sera pas seule pendant la longue séparation.

ANDRÉ LICHTENBERGER " La petite soeur de Trott " (Plon éditeur)

- ♦ -

Du haut de son presque siècle d'amour, de dévouement et de tendresse, tandis qu'elle va fermer la grande parenthèse de sa vie, elle est là devant moi, ma vieille maman, inchangée, intacte. Elle a juste diminué de volume, c'est tout.

HENRI VERNEUIL, né en 1920 " Mayrig " (Robert Laffont éditeur)

- ♦ -

## SOUVENIRS

Cette voix ravissante...
... je pleurerais de joie de pouvoir
l'entendre encore.

COLETTE (1873-1954)

- ♦ -

Quand te viendra la vieillesse,
A mon tour veillant sur toi,
Qui te rendra ta tendresse ?
Petite mère, c'est moi.

MADAME SOPHIE HUE

- ♦ -

Les seuls fantômes qui hantent
notre monde sont, je pense, ceux
des jeunes mères qui reviennent
voir comment vont leurs enfants,
car il n'y a pas d'incitation plus forte
qui puisse faire revenir ceux
qui nous ont quittés.

J.M. BARRIE (1860-1937)

- ♦ -

OUVRIR LA PORTE DE LA VIE ...

Une mère n'est pas quelqu'un sur qui on peut s'appuyer, mais quelqu'un qui rend cet appui inutile.

DOROTHY CANFIELD FISHER (1879-1958)

- ♦ -

Vous êtes les arcs par qui vos enfants, comme des flèches vivantes, sont projetés.

KHALIL GIBRAN

- ♦ -

La relation mère-enfant est paradoxale et même en un sens, tragique. Elle demande l'amour le plus intense possible de la mère, amour qui permettra à l'enfant de s'en affranchir et de conquérir sa complète autonomie.

ERICH FROMM (1900-1980)

- ♦ -

Ma mère voulait que je devienne ses ailes, pour voler comme elle n'en avait jamais vraiment eu le courage. Je l'aime pour cela. J'aime l'idée qu'elle ait voulu donner naissance à ses propres ailes.

LEILA JONG, née en 1934

- ♦ -

Personne n'aura mon âme. Ma mère l'a eue
mais personne d'autre ne pourra l'avoir.
Personne ne pourrait pénétrer l'essence de ce que
je suis et me respirer comme on respire l'air.

D.H. LAWRENCE (1885-1930)

- ♦ -

Le suprême bonheur est lorsque maman vient,
qu'elle prend la main de Christophe assoupi,
et que, penchée sur lui, à sa demande,
elle chante à demi-voix une vieille chanson
dont les mots ne veulent rien dire. Le père
trouve cette musique stupide; mais
Christophe ne s'en lasse pas. Il retient
son souffle. Il a envie de rire et de pleurer;
son coeur est ivre. Il déborde de tendresse;
il passe ses petits bras autour du cou de
sa mère, et l'embrasse de toutes ses forces.
Elle lui dit en riant :
- Tu veux donc m'étrangler ?
Il la serre plus fort. Comme il l'aime !

ROMAIN ROLLAND (1866-1944)
"Jean Christophe"

- ♦ -